Liebe Eltern,

wir wollen Ihr Kind beim Lesenlernen unterstützen, und zwar mit spannenden und lustigen Geschichten.

Unsere Bücher mit der liebenswerten Bildermaus begleiten Ihren Sohn oder Ihre Tochter durch die Vorschule. Sie enthalten kurze Geschichten mit einfachen Sätzen sowie großer und leicht lesbarer Schrift. Hauptwörter werden durch kleine Bilder ersetzt. Lesen Sie die Geschichten vor und lassen Sie Ihr Kind die Bilder selbst benennen. Am Ende jeder Geschichte finden Sie eine Bild-Wörterliste mit den einzelnen Bedeutungen. Viele bunte Illustrationen sorgen außerdem für Lesepausen und helfen, die Geschichte zu verstehen.

So wird der Spaß am Lesen geweckt, und Ihr Kind wird ganz nebenbei von der Bildermaus zum echten Leselöwen!

Ihre

Bildermaus

Die schönsten

Bildermaus

Geschichten zum Lesenlernen

Für starke Mädchen

www.bildermaus.de

ISBN 978-3-7432-0536-9
3. Auflage 2024
© 2020 Loewe Verlag GmbH, Bühlstraße 4, D-95463 Bindlach
Inhalte aus Einzelausgaben der Reihe *Bildermaus*
© 1995–2016 Loewe Verlag GmbH, Bühlstraße 4, D-95463 Bindlach
Umschlagillustration: Carola Sieverding
Umschlaggestaltung: Kathrin Tobian
Printed in the EU

www.loewe-verlag.de

Inhalt

Küss den Frosch!

„Schön, dass ihr da seid, setzt

euch bitte auf eure ." Geranie,

die , begrüßt alle

der . „Heute üben wir, wie

man  in  verwandelt",

sagt sie. Sie holt für jede

einen grünen  aus einer .

„Der hat aber ein großes  !",

flüstert  Marie  Viola zu.

„Marie!", schimpft die  .

„Du brichst dir keinen  aus

der , wenn du den  küsst.

Schau, so macht man das!"

Geranie nimmt den  auf

die 🖐 und sagt: „Spitzt eure 👄 .

Dann beugt euch nach vorne und

wartet auf die ✨ !" Plötzlich

ploppt es neben Marie. Auf

Violas 🪑 sitzt ein 🤴 .

Er guckt ziemlich dumm aus

der 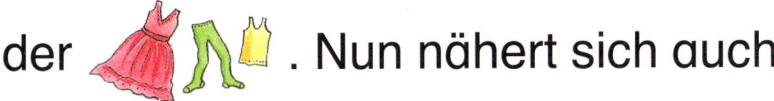 . Nun nähert sich auch

Marie mit ihren  dem  auf

ihrer  . Der hüpft erschrocken

in die  auf Violas  und

versteckt sich hinter einem  .

„Wenn der sich jetzt verwandelt,

pikst ihn der  in den  ",

denkt Marie und kichert. Doch nichts

passiert. Quakend springt der

zu Violas  auf den  .

Er knutscht dem  einen

dicken  auf die . Noch mal

macht es *Plopp!* Nun sitzen wieder

zwei  da. Schnell springen

sie in hohem  aus dem  .

Marie seufzt: „Das mit den

und den   hab ich noch nicht

so raus." Viola nimmt sie in den

und sagt: „Ach, sei kein   .

Morgen klappt der  ."

Die Wörter zu den Bildern:

 Throne

 Zacken

 Lehrerin

 Krone

 Prinzessinnen

 Hand

 Prinzessin-
nenschule

 Lippen

 Frösche

 Funken

 Prinzen

 Tisch

 Truhe

 Wäsche

 Maul

 Kopf

 Po

 Bogen

 Kuss

 Fenster

 Wange

 Arm

Bruchlandung

Hortenses  ist schwer

beladen. Er ächzt und knarrt.

Die kleine  hat eingekauft.

So viel, dass der  immer tiefer

sinkt. Hortense bleibt beinahe an

den  hängen. Dann

steuert sie auf einen  zu.

Mit beiden 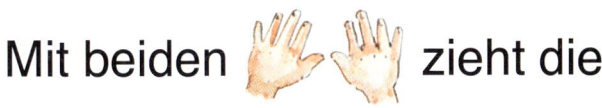 zieht die

kleine  am  .

Puh, das war knapp. Doch schon

am nächsten hohen  bleibt

sie hängen. Es kracht. Und der

zerbricht. Rumms. Hortense findet

sich in einem  wieder.

Wie das kribbelt und krabbelt!

Verärgert lässt Hortense ihren

kaputten  liegen und macht

sich voll bepackt auf den   .

Als sie ihr  erreicht, tun ihr

die 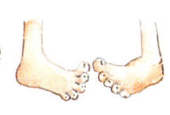 weh. „Eine

ohne ist wie ein

ohne ", sagt Hortense. Sie

holt ihr dickes  und sieht

nach, wie man einen  hext.

Kaum steht ein neuer  vor ihr,

probiert die kleine  ihn aus.

Zunächst reitet sie vorsichtig um

das  herum. Dann wird

Hortense mutiger und fliegt mit

wehendem  eine große  .

Der neue  ist tadellos.

Übermütig saust die kleine

über den . Dort unten sitzt

Ferdinand auf einer  und

schaut zu. „Juhu", ruft Hortense.

Kopfunter fliegt sie haarscharf

über den  hinweg. „Du hast

wohl zu viel ☀ abbekommen?",

ruft Ferdinand ihr hinterher.

Bevor Hortense noch einmal

so knapp über ihn hinwegfliegt,

taucht er lieber in den  .

Die kleine   kichert leise.

Was der   nur hat?

Sie probiert doch bloß ihren

neuen  aus.

Die Wörter zu den Bildern:

Besen

Haus

Hexe

Füße

Bäume

Frosch

Felsen

Fliegen

Hände

Buch

Besenstiel

Rock

Ameisen-
haufen

Acht

Weg

See

 Seerose

 Sonne

Flotte Fahrt

Pia hat ein neues  .

Es ist rot wie ein

Der  funkelt golden in

der  . „Probier es aus, ich

halte dich fest", sagt der  .

Die kleine  steigt auf.

„Passt bloß auf", sagt die  .

Pia tritt in die 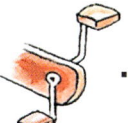 . „Gut so!",

ruft der  und schiebt. Die

kleine  rollt einen  hinunter.

Mit fliegendem  läuft die

nebenher. „Ich kann es!", ruft Pia.

„Nicht so schnell", keucht der  .

Er stolpert und lässt los. „Du musst

bremsen, Pia!", ruft die  .

Doch die kleine  kann sie

nicht hören. Sie probiert nämlich

gerade die  aus. Ding-dong,

ding-dong! Mit surrenden

saust Pia den  hinunter.

Der  versucht sie einzuholen.

Endlich wird Pia langsamer. Es

geht wieder bergauf. Keuchend

erreicht der  das  .

Er hält es fest, bevor es umkippen

kann. Die kleine  dreht sich

auf dem  halb um. Sie strahlt

den  an. „Darf ich jetzt auch

mal alleine?", fragt sie ihn.

Die Wörter zu den Bildern:

 Fahrrad

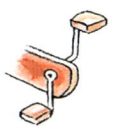 Pedale

 Feuerwehr-
auto

 Berg

 Lenker

 Rock

 Sonne

 Klingel

 König

  Räder

 Prinzessin

 Sattel

 Königin

Alles wie verhext

Hortense kann ihr dickes

der  nicht finden.

Sie hat schon im  und in

sämtlichen  nachgesehen.

Auch im  hat sie gesucht.

Ohne ihr dickes  geht der

kleinen  aber einiges schief.

In der  läuft ein  .

Die schmutzigen   drehen

sich im  hin und her. Und

im  schwimmen  .

Ganz zuletzt bekommt das

plötzlich 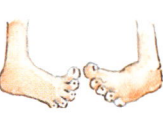 und läuft davon.

„Auch gut", sagt die kleine

vergnügt. „Schaue ich mir eben

den  und die an."

Doch dann schwebt eine dunkle,

dicke  heran. Bald klatschen

die ersten  auf den  .

Nun muss Hortense aber endlich

richtig hexen. Auch ohne  .

„Ene mene, , wer falsch hext,

der hat nicht alle. Ene mene, alter ,

alles wie's gewesen!" Und tatsächlich

kommt das zurück. Leider hat es

unterwegs einige verloren.

Aber das stört Hortense wenig.

Wo es hereinregnet, stellt sie

und auf.

Die kleine  holt einen  .

Sie macht es sich auf dem

gemütlich. Und da findet sie

endlich ihr  der  .

Es liegt unter dem  .

Die Wörter zu den Bildern:

 Buch

 Fernseher

 Hexen

 Aquarium

 Kühl-
schrank

 Hühner

 Töpfe

 Dach

 Klavier

 Füße

 Wasch-
maschine

 Mond

 Film

 Sterne

 Hemden

 Wolke

 Tropfen

 Schüsseln

 Tisch

 Schirm

 Mausefalle

 Sofa

 Besen

 Kissen

 Dachziegel

Besuch im Schloss

Die kleine  macht sich heute

besonders hübsch. Ein fremder

und eine fremde  werden

im  erwartet. Und eine  ,

die so alt ist wie Pia, kommt auch

mit. Pia zieht ihr schönstes

an. Sie bindet die große  .

Dann macht sie die goldenen

zu. Sie streift die langen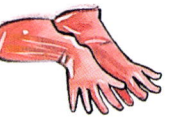

über und zieht die  an.

Auch ihre  kämmt die

kleine   heute besonders

gründlich. Zuletzt setzt sie vor

dem   ihre   auf.

Als sie zum großen

kommt, warten dort schon alle

auf die  . Leider hat

es geregnet. Pia muss aufpassen,

dass ihr  nicht schmutzig wird.

Bald sind auf der

die  zu hören. Direkt vor

der kleinen  rollt die

durch eine große  .

Das schöne  wird schmutzig.

Die kleine  versucht, es

sauber zu wischen. Aber dadurch

wird alles noch schlimmer.

Pia würde am liebsten heulen.

Da steigt schon die fremde

aus der  . Sie sieht Pia und

winkt ihr fröhlich zu. Pia hebt

zögernd die  und winkt zurück.

Die fremde  läuft zu ihr.

Sie springt über die  ,

rutscht aus und fällt hin. Nun ist

auch ihr  völlig schmutzig.

Pia geht zu ihr und hilft ihr auf.

„Mach dir nichts daraus", sagt

sie. „Ich sehe auch aus wie ein

kleines ." Kichernd gehen

die beiden  ins 🏰

und ziehen sich etwas anderes an.

Die Wörter zu den Bildern:

 Prinzessin

 Schuhe

 König

 Haare

 Königin

 Spiegel

 Schloss

 Krone

 Kleid

 Tor

 Schleife

 Kutsche

 Knöpfe

 Brücke

 Handschuhe

 Pferde

 Pfütze    Schwein

 Hand

Nichts zu holen

Das  Rosa setzt die

auf und steckt die  in

den  . Wie immer ist auch

heute die  nicht geladen.

Um jemanden zu erschrecken,

braucht Rosa keine  .

Sie bricht auf zum  .

Unterwegs versteckt sich Rosa

hinter einem . Gestützt auf

einen  geht eine alte  den

steilen  zum  hinauf.

Die alte  will Rosa aber nicht

ausrauben. Plötzlich rollt ein

in einem  den

herunter. Mit leuchtenden

rumpelt er vergnügt am  vorbei.

„Das kann nicht gut gehen",

murmelt Rosa. Tatsächlich kippt

der  um. Sofort springt

das 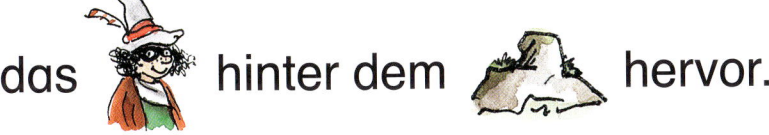 hinter dem ![Felsen] hervor.

„Tut dir was weh?", fragt es besorgt.

Der 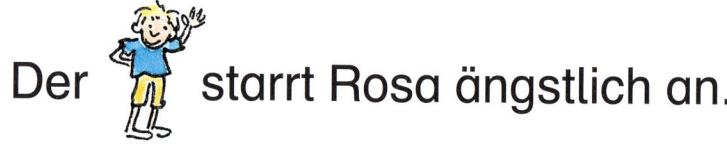 starrt Rosa ängstlich an.

Er fürchtet sich vor der  !

Das  will die  gerade

abnehmen, als es ein  hört.

„Aus dem  !", ruft ein

und galoppiert auf den  zu. Rosa

zieht ihre  . Diesen ruppigen

kann sie ruhig ausrauben.

„ her, aber dalli!", befiehlt

sie. „Ich habe kein  bei mir",

stammelt der  . „Etwas

oder  vielleicht?", fragt Rosa.

„Auch nicht", erwidert der

Das  denkt nach. „Dann

sorge dafür, dass der  wieder

ins  kommt", sagt es streng.

Der  bindet mit einem

den  an seinen  .

„Und jetzt ein bisschen dalli",

befiehlt Rosa, als der  im

sitzt. Erst als er sicher im

ist, kehrt das  zurück zum

um noch ein wenig zu räubern.

Die Wörter zu den Bildern:

 Räuber-
mädchen

 Frau

 Räuber-
maske

 Weg

 Pistole

 Junge

 Gürtel

 Leiterwagen

 Patronen

 Berg

 Schloss

  Augen

 Felsen

 Pferd

 Stock

 Ritter

 Geld

 Seil

 Wurst

 Sattel

 Käse

Überraschendes Tauwetter

Nicky langweilt sich fürchterlich.

Es ist kalt. Schon lange ist

der  zugefroren. Die  ist

einsam. Der  ist verreist,

die  haben sich tief

eingebuddelt und die

sind noch mürrischer als sonst.

Wenigstens dringt heute mal

wieder die  bis zu Nicky

durch. Über ihr knirscht und

knackt es heftig. Taut es etwa?

Ach nein, es sind nur  .

Fast täglich kommen sie zum

und spielen. Natürlich sind sie immer

gut vermummt mit  ,

und   .

Sie haben  an und

in den  . Damit dreschen

sie so lange auf den runden

ein, bis er im landet.

Die seufzt. Wenn sie

wenigstens mitspielen könnte.

Schon wieder rumpelt es laut.

Sicher ist oben ein  gefallen.

„Hilfe!", hört Nicky plötzlich

einen  rufen.

Wie ein  gleitet die

nach oben. Über sich sieht sie

strampelnde  . Wild schlagen

zwei  hin und her.

Nicky packt zu. „Hilfe!", schreit

der  noch einmal.

Die  schiebt ihn nach oben.

Schnell robbt sie durch das

hinterher. „Nicht aufstehen.

Sonst brichst du wieder ein",

sagt sie zu dem  .

Nicky nimmt ihn an der  und

zieht ihn vorsichtig über den

gefrorenen . Die anderen

schauen staunend zu.

„Macht nicht solche  !", ruft

die  . „Bringt den  lieber

schnell heim ins  !" Die

laufen eilig davon. Jetzt erst spürt

Nicky die wärmende  .

Tatsächlich. Es fängt an zu tauen.

Die Wörter zu den Bildern:

 See

 Schal

 Meerjungfrau

 Handschuhe

 Wassermann

 Schlittschuhe

 Fische

 Schläger

 Krebse

 Hände

 Sonne

 Puck

 Kinder

 Tor

 Mütze

 Junge

 Pfeil

 Augen

 Beine

 Bett

 Loch

Aller Anfang ist schwer

Endlich ist es so weit. Die grauen

haben sich verzogen und die

scheint. Stolz wie ein  schiebt

Paula ihr neues  nach draußen.

„Komm, Paula", sagt Papa. „Wir

gehen auf die  nebenan. Da

hast du einen glatten  ."

Auf der  stellt Papa

den   von Paulas  so ein,

dass sie mit den  gut auf

den  kommt.

Auch der neue mit den lustigen

muss fest auf Paulas  sitzen.

Während Papa Paula den

anpasst, trippelt sie ungeduldig von

einem  auf den anderen. Kann es

jetzt endlich mal losgehen?

Aber Papa zeigt Paula erst noch,

wie sie mit der  und den

bremsen soll. Ja, ja … Und wo die

ist, weiß Paula auch! Endlich sitzt

sie auf dem  .

Papa schiebt Paula an. „Uuuuund

los!" Hektisch tritt Paula in die

Papa läuft neben dem  her und

hält Paula fest. Puh, ist das

wackelig!

Paulas  krallen sich um den  .

Plötzlich spürt sie Papas  nicht mehr

im  . Erschrocken nimmt

Paula die  von den  und

stemmt sie gegen den  , um

das  anzuhalten.

Die  hat Paula völlig vergessen.

„Du hast mich losgelassen!", sagt

Paula vorwurfsvoll zu Papa. Papa

schüttelt den  . „Ich habe dich

am  festgehalten statt am  ."

Er streicht Paula über die  .

„Wenn ich sage, dass ich dich

halte, tue ich das auch. Okay,

kleine ? " Paula nickt

schniefend.

85

„Versuch's gleich noch mal!"

Papa lächelt. „Niemand kann

sofort !" Wieder und wieder

fährt Paula an. Papa läuft tapfer

neben dem  her.

Er hat schon einen ganz roten  .

„Bald hast du den raus!",

keucht er. „Aber jetzt haben wir

beide uns erst mal ein  verdient,

oder?" Au ja! Paula nickt eifrig.

Aber ... soll sie schon selber zur

radeln? Nein, Papa holt sein

eigenes  raus, setzt den  auf

und hebt Paula auf ihren  . Paula

hält fröhlich die  in die  .

Gefahren zu werden ist auch schön!

Die Wörter zu den Bildern:

Wolken

Helm

Sonne

Pünktchen

Pfau

Kopf

Fahrrad

Handbremse

Spielstraße

Pedale

Boden

Klingel

Sattel

Hände

Füße

Lenker

 Rücken

 Eis

 Wange

 Eisdiele

 Maus

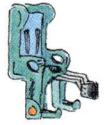 Kindersitz

 Fahrrad fahren

 Nase

 Bogen

Gut bewacht

Rosa zieht  und  an.

Sie tritt vor die  und schaut

sich um. Keiner darf ihr folgen.

Rosa will mal wieder nach

ihrer 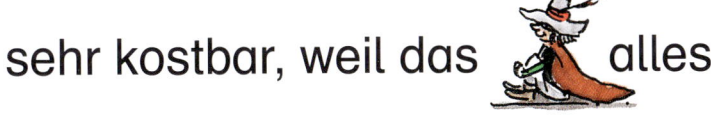 sehen. Diese 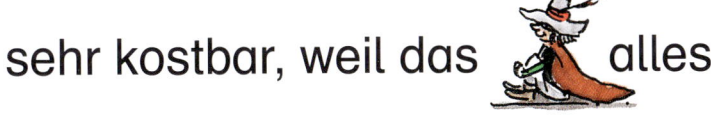 ist

sehr kostbar, weil das 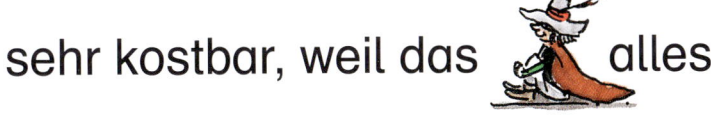 alles

darin lagert, was es erbeutet.

Rosa allein kennt die  ,

in der die  versteckt ist.

Vor der  bemerkt Rosa

verdächtige  . „Was ist

das denn?", murmelt sie leise.

Abgeknickte  liegen unter

den . Wo ist der , den

sie vor die  geschoben hat?

Haben die  des

die  gefunden?

Das 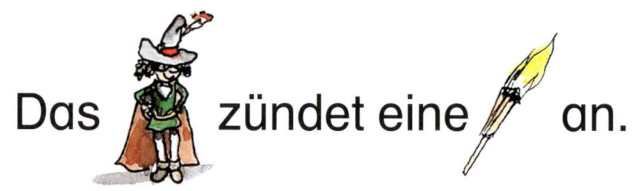 zündet eine ✎ an.

Es spitzt die 👂 👂. Schnarcht da

jemand? Außerdem riecht es

ziemlich streng. „Stinkst du so?",

fragt Rosa eine , die über

ihren 🧑 nach draußen huscht.

Weit hinten in der  entdeckt

das  einen  . Er schläft

neben der  . Die  ist jetzt

so gut bewacht, dass selbst Rosa

nicht mehr an sie herankommt.

Sie setzt sich vor der

auf einen   und denkt nach.

„ lieben  ", sagt sie

plötzlich und beginnt sofort,

zu sammeln.

Von der  bis zum

legt das  eine  hinter die

andere. „Es gibt was zu fressen!",

ruft Rosa in die  . Schon

kommt der  angetapst.

Brummend nascht er eine .

Und noch eine. Der  folgt

den  bis zum

hinunter. Schnell überprüft

das  die  .

Alles noch drin. Beruhigt kehrt

Rosa zu ihrer  zurück.

Solange der  in der

wohnt, ist die  sicher.

Die Wörter zu den Bildern:

 Stiefel

 Bäume

 Mantel

 Busch

 Tür

 Ritter

 Truhe

 König

 Räuber-mädchen

 Fackel

 Höhle

  Ohren

 Spuren

 Fledermaus

 Äste

 Kopf

 Bär

 Fluss

 Stein

 Hütte

 Beeren

Nur Mut, kleines Pferd!

Maja bindet dem kleinen  Nena

bunte  in den  . Heute ist

ein großes  auf dem  .

Alles ist festlich geschmückt, es

gibt  , heiße  und  .

Maja soll mit Nena zeigen, was sie

kann, und über drei  springen.

Die anderen  stehen mit

ihren  schon an der  .

Schnell reiht sich Maja ein. Unruhig

tänzelt Nena hin und her. Zwischen

all den großen  fühlt sie sich

nicht wohl.

Es geht los! Die ersten beiden

überspringen Maja und Nena ganz

leicht. Jetzt nur noch der ! Doch

kurz davor bleibt Nena stehen. Sie

wirft energisch den  hin und her.

Maja weiß nicht, was sie tun soll.

Doch dann versteht sie. Sie beugt

sich über Nenas  und flüstert:

„Ich weiß, dass du das genauso gut

kannst wie die großen  !"

Nena schnaubt.

Sie startet durch, ohne dass Maja

etwas tun muss. Mit einem  sind

sie über dem  . „Siehst du, du

kannst alles schaffen, was du willst!",

sagt Maja leise, während sie über

die  galoppieren.

Als sie an den anderen

vorbeireiten, hebt Nena ihren

ganz hoch und wiehert stolz.

Die Wörter zu den Bildern:

Pferd

Bänder

Schweif

Fest

Reiterhof

Getränke

Würstchen

Pommes

Hindernisse

Reiter

Startlinie

Wasser-
graben

Kopf

Hals

Sprung

Ziellinie

Quellenverzeichnis

S. 8–16
Ann-Katrin Heger, *Küss den Frosch!*,
aus: dies., Bildermaus – Geschichten
aus der Prinzessinnenschule,
farbig illustriert von Silke Voigt.
© 2014 Loewe Verlag GmbH, Bindlach

S. 17–28
Werner Färber, *Bruchlandung*,
aus: ders., Bildermaus – Geschichten
von der kleinen Hexe,
farbig illustriert von Maria Wissmann.
© 1995, 2002 Loewe Verlag GmbH,
Bindlach

S. 29–35
Werner Färber, *Flotte Fahrt*,
aus: ders., Bildermaus – Geschichten
von der kleinen Prinzessin,
farbig illustriert von Karin Schliehe.
© 1998, 2004 Loewe Verlag GmbH,
Bindlach

S. 36–44
Werner Färber, *Alles wie verhext*,
aus: ders., Bildermaus – Geschichten
von der kleinen Hexe,
farbig illustriert von Maria Wissmann.
© 1995, 2002 Loewe Verlag GmbH,
Bindlach

S. 45–55
Werner Färber, *Besuch im Schloss*,
aus: ders., Bildermaus – Geschichten
von der kleinen Prinzessin,
farbig illustriert von Karin Schliehe.
© 1998, 2004 Loewe Verlag GmbH,
Bindlach

S. 56–66
Werner Färber, *Nichts zu holen*,
aus: ders., Bildermaus – Geschichten
vom frechen Räubermädchen,
farbig illustriert von Julia Ginsbach.
© 2002 Loewe Verlag GmbH, Bindlach

S. 67–77
Werner Färber, *Überraschendes
Tauwetter*,
aus: ders., Bildermaus – Geschichten
von der kleinen Meerjungfrau,
farbig illustriert von Julia Ginsbach.
© 1998, 2007 Loewe Verlag GmbH,
Bindlach

S. 78–90
Katja Reider, *Aller Anfang ist schwer*,
aus: dies., Bildermaus – Paula kann
Fahrrad fahren,
farbig illustriert von Franziska Harvey.
© 2015 Loewe Verlag GmbH, Bindlach

S. 91–101
Werner Färber, *Gut bewacht*,
aus: ders., Bildermaus – Geschichten
vom frechen Räubermädchen,
farbig illustriert von Julia Ginsbach.
© 2002 Loewe Verlag GmbH, Bindlach

S. 102–108
Amelie Benn, *Nur Mut, kleines Pferd!*,
aus: dies., Bildermaus –
Pferdegeschichten,
farbig illustriert von Alexander Bux.
© 2016 Loewe Verlag GmbH, Bindlach